NOTES BIBLIOGRAPHIQUES

CONCERNANT LES OUVRAGES

DU DUC DE NARDO (BÉLISAIRE AQUAVIVA)

SUR

LA VÉNERIE ET LA FAUCONNERIE.

Par J.-B. HUZARD.

FRAGMENT.

PARIS,

IMPRIMERIE DE Mme HUZARD (née VALLAT LA CHAPELLE),
rue de l'Éperon, n. 7.

1835.

NOTES BIBLIOGRAPHIQUES,

CONCERNANT LES OUVRAGES

DU DUC DE NARDO (BÉLISAIRE AQUAVIVA)

SUR

LA VÉNERIE ET LA FAUCONNERIE.

Les deux traités du duc *de Nardo* (*Bélisaire Aquaviva*) sur la vénerie et la fauconnerie ont été mal indiqués par la plupart des bibliographes qui en ont parlé, soit en les citant seuls, soit en les citant avec ceux auxquels ils sont ordinairement joints. Je ne crois pas qu'ils aient paru seuls; mais il est facile, dans la première édition, de les détacher de la collection des autres ouvrages de l'auteur, avec lesquels ils ont été imprimés. Je tâcherai de rétablir les choses, dans ces notes, d'après les exemplaires que j'ai sous les yeux des deux seules éditions que je connoisse, et, je crois qui existent, de ces traités, qui sont du nombre de ceux que l'on trouve plus facilement dans les bibliographies que dans le commerce et dans les bibliothèques.

ÉDITIONS.

I.

a. *Belisarii Aqvivivi Aragonei Neritonorvm dvcis de Institvendis liberis principvm.*

Ce premier traité est composé de XIII feuillets chiffrés au recto seulement, en chiffres romains, comme tous les traités suivans de cette édition.

Le titre occupe seul le milieu du recto du premier feuillet; l'épître dédicatoire : *Bellisario Aqvivivo Neritonorvm dvci P. Svmmontivs S.*, est au verso : le texte commence au haut du feuillet II ; on lit au bas du verso du XIIIe : *Lavs Deo. Impressum Neapoli in Bibliotheca Joan. Pasquet. de Sallo. Anno dñi. M. D. XIX. VII. Maii;* un XIVe feuillet, non chiffré, est blanc.

b. *Belisarii Aqvivivi Aragonei Neritinorvm dvcis Prefatio paraphrasis in economica Aristotelis.*

Ce titre est en tête du recto et de la matière, sur le premier feuillet; ce second traité a XX feuillets; on lit au bas du verso du XVIIIe : *Finis.* Le XIXe, non chiffré, contient au recto l'errata du premier traité et de celui-ci, ce qui prouve bien que toutes ces pièces appartiennent à la même édition. Au verso, est une épître de *Pierre Gravina* à l'auteur. Le XXe feuillet, également non chiffré, contient au haut du recto la date : *Impressum Neapoli in Bibliotheca Joan. Pasquet. de Sallo. Anno dni. M. D. XIX. V. Junii,* et au dessous une grande vignette en bois contenant le chiffre du libraire, qui occupe toute la page; le verso est blanc. Cette vignette n'est point au premier traité; elle représente le bon Pasteur et le chiffre de l'imprimeur.

c. *Belisarii Aqvivivi Aragonei Neritinorvm dvcis : de Venatione et de Avcvpio : De re militari et singvlari certamine.*

Le titre de ces quatre traités occupe seul le milieu du recto du premier feuillet; au verso est une épître d'un *Chrisostome Colonne* aux lecteurs : l'ouvrage *De Venatione* vient ensuite; il est adressé, en tête du recto du deuxième feuillet, par l'auteur : *Ad Illvstrem Hadriensivm dvcem Andream Mathevm fratrem svvm :* il est composé des quinze chapitres suivans, non numérotés, dont les titres sont en capitales, celui du livre I excepté, qui est en bas de casse.

De Venatione. Lib. I.

De Animalivm qvorvmdam solertia.

De Canvm genere ac forma ad feras indagandas.

De specie ac forma Canvm ad feras captandas.

De specie ac forma Canvm ad feras retinendas.

Qvomodo et qvibvs temporibvs sit venandvm.

Qvomodo Canes sint alendi et qvi color in Canibvs melior esse censeatvr.

De forma Eqvorvm qvi sint potiores ad venandvm.

De Eqvorvm docilitate ac natvra.

De qvibvsdam Canvm morbis remediisqve.

De qvibvsdam Eqvorvm morbis sanandis remedia.

De captvra ferarvm atrocivm.

De captvra Leonvm.

De captvra Pardorvm et qvot modis capiantvr :

De captvra Vrsorvm.

De Leporvm, Vvlpivm, Caprearvm ac Cervorvm venatv :

Au bas du verso du xiiiie feuillet, on lit *Finis*, et en haut du xve : *De Avcvpio qvod fit per accipitres.* Ce traité est composé des sept chapitres suivans, titrés comme les précédens.

De Aucupio, Lib. II.

De Accipitribvs qvi vvlgo Hierifalcones nominantvr :

De Accipitribvs qvi sacri appellantvr deqve Milvorvm natvra.

De Accipitribvs peregrinis.

De Medeanis.

De Accipitribvs generosis qvi vvlgo Gentiles nvncvpantvr.

De Ignobilibvs vvlgo avtem Villanis accipitribvs.

De Qvibvsdam accipitrvm morbis sanandis.

Ces deux traités ont ensemble xxii feuillets; au bas du recto du xxiie, on lit : *Finis*, et au verso est l'errata de l'un et de l'autre.

Les deux traités suivans ont également xxii feuillets, les signatures recommencent comme la pagination. *De re militari, Lib. I*, commence au haut du recto du 1er feuillet et se termine au verso du viiie; on lit au bas : *Finis. De alio genere pvgnandi et in qvibvs casibvs singvlare certamen permictatvr, Lib. II,* commence au recto du feuillet ix et se termine au recto du feuillet xx. On lit au bas de ce feuillet : *Finis Lavs Deo*, puis l'errata, et au verso une épître : *Ad illvstrem Belisarivm Aqvivivum Neritinorvm dvcem Antonivs Galathevs*, elle finit au haut du recto du feuillet xxie; au verso de celui-ci est une autre épître : *Bellisarivs Aqvivivvs Neritinorvm dvx Galatheo svo*. S.; le xxiie, non chiffré, contient au haut du recto la date commune aux quatre traités : *Impressum Neapoli in Bibliotheca Joan. Pasquet. de Sallo anno dñi M. D. XIX. primo Augusti.* Au dessous, comme dans le précédent, sont la vignette et le chiffre du libraire; le verso est blanc.

Dans le titre du premier des traités qui composent cette édition, et dans l'épître dédicatoire, on lit *Neritonorvm,* et partout ailleurs *Neritinorvm ;* dans la même épître dédicatoire de ce traité on lit *Bellisario* avec deux *ll* et partout ailleurs avec un *l* seulement : ces deux fautes ne sont pas corrigées dans l'errata qui est à la fin du deuxième traité. On retrouve encore *Bellisarivs* à l'épître du dernier traité d'août 1519. J'ai copié textuellement l'orthographe et la ponctuation des citations.

Tout porte à croire que cette édition est la première de ces différens traités, qui forment un volume petit in-folio. Les quatre derniers, du 1er août, quoique postérieurs aux précédens pour la date, sont néanmoins placés les premiers dans l'exemplaire que j'ai sous les yeux, comme cela arrive assez souvent dans les ouvrages de cette époque, imprimés successivement, lorsqu'ils réunissent plusieurs traités : j'ai cru devoir les laisser dans cet ordre, quoique dans cette notice je les aie placés dans leur ordre chronologique.

L'exemplaire que je décris, petit in-folio, est néanmoins grand papier, et vient de la bibliothèque de l'abbaye de Saint-Germer de Flaix, près de Beauvais (1), dans laquelle il était en 1657 ; il a passé de là, et sans doute après plusieurs mutations, dans

----

(1) Cette abbaye de Bénédictins de la congrégation de Saint-Maur, dans le diocèse de Beauvais, fut fondée par Germer vers l'an 655, au village de Flaix, qui en a pris le nom de Saint-Germer de Flaix.

la bibliothèque de mon ami feu M. le baron *Marchant*, D.-M., ancien maire de la ville de Metz, ancien médecin des armées françaises en Allemagne, d'où il m'a dit l'avoir rapporté : je l'ai payé 5o francs à la vente de cette bibliothèque le 3 mars 1834; il était à sa première reliûre, en mauvais état; je l'ai fait relier de nouveau, par M. *Messier*, sans toucher aux marges et sans changer l'ordre des traités.

II.

Belisarii Aqvivivi Aragonii , Neritinorvm dvcis, aliquot aureoli verè libelli. De Principvm liberis educandis. De Venatione. De Avcvpio. De re militari. De singvlari certamine : His additum est elegans poematium Michaelis Marvlli de principum institutione, nunquam hactenus editum. Basileæ. Ex Officina Petri Pernæ. Sans date; petit in-8° de 8 feuillets non chiffrés pour le titre, l'épître dédicatoire de *Leunclavius*, datée : *Ex arce Burghaimensi. a. d. III. eid. April. anno nati servatoris CIƆ.IƆ.LXXIIX*, et une pièce de vers latins de cinq pages et demie, sans nom d'auteur; 224 pages de texte et 7 feuillets non chiffrés, à la fin, pour **un** index commun.

Cette édition est, sans contredit, celle que les bibliographes ont indiquée sous la date de 1578, quoique la date des épîtres dédicatoires ne soit pas toujours celle de l'impression des ouvrages. Elle fait partie et se trouve à la suite d'une autre publication de *Leunclavius*, qui est intitulée : *Imp. Caes. Manvelis Palaeologi avg. praecepta edvcationis regiae, ad Joanem filivm : ex Jo. Sambvci v. c. bibliotheca. Joan. Levnclavio interprete. His adiecimus Belisarii Neritinorum ducis, ejusdem argumenti librum; cum alijs ad principum studia pertinentibus, nec vnquam hactenus editis. Ad Franciscvm Medicevm, magnium Thusciae Ducem. Basileae, Ex Officina Petri Pernae.* 1578. Il aura peut-être été fait un tirage à part de quelques exemplaires des traités de *Bélisaire,* comme celui de ma bibliothèque, ou on les aura séparés du premier ouvrage. La date, en chiffres romains, de ce premier ouvrage ne laisse pas de doute sur celle des exemplaires séparés de celui qui lui fait suite et qui n'est pas daté. J'observe encore que, dans le titre de l'ouvrage que je viens de citer, les deux traités du *Duc de Nardo* sur la chasse et sur la fauconnerie ne sont pas rappelés ; il n'y est question que de celui sur l'éducation des princes, comme faisant suite au premier sur le même sujet. L'exemplaire dont je viens de copier le titre appartient aujourd'hui à la Bibliothèque du Roi, sous le n° R. 3033, après avoir successivement fait partie de celles de la Sorbonne et du Tribunat.

On voit, par la copie textuelle du titre de cette

seconde édition, que l'on n'y retrouve pas la *para-phrase de l'Économique d'Aristote* de la première, et aucun bibliographe n'en a fait mention en rendant compte des deux éditions des ouvrages du *Duc de Nardo.* Ma notice est la première, que je sache, qui en parle ; ce qui prouve que les exemplaires de l'édition de 1519 ne sont pas communs, ou que les différens traités qui la composent ont été souvent disséminés.

OBSERVATIONS.

Lipenius, dans sa *Bibliotheca realis medica,* 1679, in-folio, page 3, ne cite qu'une édition *de Venatione et Aucupio per Accipitres, lib. II, Neap.* 1529, in-folio. Cette annonce d'une édition de 1529 n'est-elle pas une erreur, peut-être typographique, pour 1519 ? *Lipenius* est le premier qui indique cette date parmi les bibliographes que j'ai été à portée de consulter.

Mercklin, dans son *Lindenius renovatus,* 1686, in-4°, page 121, ne cite que l'édition de Naples, 1519, in-folio, *de Venatione et Aucupio.*

Fr. Er. Brückmann, Bibliotheca animalis, 1743, in-8°, page 24, annonce l'édition *de Venatione et Aucupio, lib. II, Neapol.* 1529, in-folio ; puis ensuite *Ejusdem de Aucupio per Accipitres, Neapol.* 1519, et *Basil.* 1578, in-8°. Il a copié *Lipenius* pour la première.

Kreysig, dans sa *Bibliotheca scriptorum venaticorum*, 1750, in-8°, page 153, ne cite que les deux éditions de 1519 et de 1578. Ces quatre bibliographes ne citent que les deux traités *de Venatione et Aucupio*, seuls.

Christian Gottlieb Jœcher, dans son *Gelehrten-Lexicon*, 1750, in-4°, tome I, page 483, indique nos deux traités et une partie des autres ouvrages d'*Aquaviva*, mais sans date et sans la paraphrase d'*Aristote*.

Johann. Christoph. Adelung, dans le supplément à cet ouvrage, 1784, in-4°, tome I, page 987, cite l'édition de 1519, in-folio, et celle de 1578, in-8°, qui est à la suite du *Paléologue* dont j'ai parlé : il indique plus bas la *paraphrase de l'Économique d'Aristote*, mais séparément, de la même date de 1519, in-folio, qu'il dit être à la Bibliothèque du Roi (1).

Mazzuchelli, *Gli Scrittori d'Italia*, tome I, partie I, 1753, in-folio, page 121, n'indique aussi que les deux éditions citées et ne parle de l'ouvrage d'*Aristote*, qu'il écrit *OEcumenica*, que postérieurement, et sans lui donner de date. Il ne l'avait

---

(1) L'exemplaire de l'édition in-folio des œuvres d'*Aquaviva* qui était à la Bibliothèque du Roi, et qui n'y est plus, était en tout conforme au mien, d'après les catalogues ; la préface de la paraphrase de l'*Économique d'Aristote* en faisait partie à son rang de date d'impression.

sans doute pas vu, et il l'a confondu avec quelques autres ouvrages du même auteur, ou peut-être d'un *Aquaviva*, jésuite, de la même famille, qui a écrit sur des matières de théologie. Il ne parle point des éditions prétendues de 1518 et de 1529.

Du nom de *Aquaviva*, il renvoie à celui de *Acquaviva*, et là cependant il écrit toujours le nom sans *c*.

Aquaviva est mort à Naples, de la peste, le 24 juillet 1528, et a été enterré à Nardo, dans l'église de S.-Antonio, avec l'inscription suivante :

Belisario Aquavivo Neretin. duci domi foris-
que praestantissimo et suevae sanseverinae con-
jugi perpet. monumentum. P.

Gronovius, dans sa *Bibliotheca regni animalis,* 1760, in-4°, page 17, ne cite d'abord que le traité *de Aucupio per Accipitres*, sous les dates de 1519 et 1578, mais de format in-8°, ce qui est évidemment une double erreur, et il cite ensuite : *De Venatione et Aucupio libri tres. Neapolis,* 1529, in-folio. Il a copié *Brückmann.*

Gronovius, en indiquant les deux traités en trois livres, a fait une autre erreur; s'il les avait eus sous les yeux, il aurait vu que le traité *de Venatione* forme le premier livre (lib. I), et le traité *de Aucupio* le second (lib. II); le titre courant des pages l'indique suffisamment. Les copistes de *Gronovius* ont propagé cette erreur.

MM. *Lallemant,* dans leur *Bibliothèque théreutique,* en tête de l'*École de la chasse aux chiens courans*, de M. *Le Verrier de la Conterie*, 1763, in-8°, tome I, page xxxiij, citent sous un seul et même titre les différens traités, la paraphrase de celui d'*Aristote* exceptée ; ils indiquent une édition de Basle, 1518, in-folio, puis celle de Naples de 1519, sans en désigner le format, et enfin celle de 1578. M. l'abbé *Mercier de Saint-Léger*, dans une note manuscrite autographe, en marge de mon exemplaire de la *Bibliothèque théreutique,* dit que cette édition de 1518 est chimérique ; et en effet, l'identité de la ville et du nom du libraire, avec celle de 1578, et la différence de soixante ans entre les deux dates, ne laissent pas de doute que c'est une erreur, d'autant plus aisée à commettre par les copistes que le chiffre 1 peut facilement être pris pour un 7, *et vice versâ.* Aucun bibliographe antérieur ne parle, au surplus, de cette édition de 1518.

MM. *Lallemant* ont mal copié aussi le titre de l'édition de 1578, ils ont écrit : *Aliquot aurei libelli* au lieu d'*Aliquot aureoli verè libelli,* et plus bas ils ont écrit *Michaëlis Marcelli* au lieu de *Michaelis Marvlli.* Ils écrivent toujours *Bellisaire* avec deux *ll.* Il est étonnant que M. l'abbé *de Saint-Léger* ait laissé passer ces fautes dans ses notes, sur mon exemplaire.

Les auteurs de l'*Ornithologia methodice*, imprimée à Florence en 1767-73, grand in-folio, tome II, page 2, se sont bornés, dans la *Bibliotheca ornithologica*, très étendue, qu'ils ont placée en tête de ce volume, à copier textuellement *Gronovius*.

M. *Amoreux*, dans sa *Bibliothèque des auteurs vétérinaires*, 1773, in-8°, page 85 (282), ne cite que les deux traités *de Venatione et de Aucupio per Accipitres*, dont il indique les trois éditions de MM. *Lallemant*, qu'il paraît avoir copiés.

M. *Buc'hoz*, dans la bibliographie qu'il a ajoutée à la fin de son *Dictionnaire vétérinaire*, 1775, in-8°, tome VI, page 401, ne cite que les deux traités *de Venatione et de Aucupio*, et que la prétendue édition de 1518, in-folio, d'après M. *Amoreux*, dont il n'a pris que l'erreur.

Boehmer, dans sa *Bibliotheca scriptorum historiæ naturalis*, 1786, in-8°, volume II, partie 1, page 230, ne cite, avec les traités *de Venatione et Aucupio*, que *de principum liberis educandis*, sous les deux dates de 1519, in-folio, et de 1578, in-8°; mais il ajoute dubitativement à la suite de la première (*vel* 1529). Il cite de nouveau, page 546, le traité *de Aucupio per accipitres*, *libr. II*, sous les deux premières dates seulement : il est aisé de voir qu'il a copié *Gronovius*.

Marco Lastri, dans sa *Bibliotheca Georgica*

d'Italia, 1787, in-4°, page 1, ne cite que l'édition de Naples 1529, in-folio. Il écrit le nom de l'auteur *Acquaviva Belisario caval. napoletano.*

Aquaviva étant mort en 1528, cette édition serait posthume; mais je la crois dans le même cas que celle de 1518 de MM. *Lallemant* jusqu'à la preuve contraire; si elle existait, ainsi que celle de 1518, *Mazzuchelli* ne les aurait pas oubliées.

M. *de Musset*, dans sa *Bibliographie agronomique*, 1810, in-8°, avait oublié *Aquaviva* à sa place, il l'a reporté dans la table des auteurs sous le prénom de *Bélisaire*, page 283, n° 2164, d'après MM. *Lallemant*, dont il a copié toutes les erreurs : voilà comme celles-ci se propagent! Il a même oublié l'édition de 1578, et des titres des quatre traités, il n'en a fait, comme eux, qu'un seul sur la chasse et la fauconnerie.

La *Biographie universelle* de M. *Michaud*, tome I, 1811, in-8°, page 162, article *Acquaviva*, de feu M. *Ginguené*, ne cite que l'édition de Naples de 1519, in-folio, et à part la préface de la paraphrase latine des *Économiques* d'*Aristote*, sans date, qui fait partie, comme on l'a vu, de cette édition de 1519. Il est étonnant que M. *Ginguené* n'ait pas consulté *Mazzuchelli*.

Le *Catalogue* de la Bibliothèque du Muséum de Londres n'indique que l'édition de Basle, in-8°, sans date (1578) : *Librorum impressorum qui in*

*Museo britannico adservantur Catalogus. Lon-
dini*, tome I, 1813, in-8º, lit. *Aquivivus.*

Robert Watt, dans sa *Bibliotheca britannica*,
1824, in-4º, page 38, ne cite que les deux éditions de
1519 et de 1578, et qu'une partie des ouvrages de
l'auteur : l'*Économique d'Aristote* n'y est point.

L'auteur de la *Bibliothèque historique et criti-
que des ouvrages théreutiques* placée à la fin du
Dictionnaire des chasses de M. *Baudrillart*
(1834), in-4º, page 32, n'a fait que copier servile-
ment celle de MM. *Lallemant*, et a reproduit par
conséquent l'édition imaginaire de 1518 et les autres fautes que j'ai indiquées à leur article; fautes
auxquelles il a ajouté les siennes, comme cela arrive à tous les copistes. M. *de Quingery*, qui a
revu, corrigé et augmenté l'ouvrage de M. *Baudrillart*, ne les a ni revues ni corrigées; il les a
augmentées.

L'ouvrage du duc *de Nardo* n'est point indiqué
dans la *Bibliothèque chronologique des auteurs
qui ont traité de la matière des Eaux et Forêts,
Pêche et Chasse*, à la suite des *Loix Forestières
de France*, par M. *Pecquet*. Paris, 1753, in-4º,
tome II, page 405 et suivantes. Cette Bibliothèque
contient l'indication de quelques ouvrages assez
rares sur la chasse, que l'on ne trouve point ailleurs.

Il a également échappé à M. *Brunet* dans son
Manuel du Libraire et dans son *Supplément.*

M. le chevalier *Blanc Saint-Bonnet* l'a aussi oublié dans la *Bibliographie cynégétique* qu'il a placée à la suite des trois éditions de son *Manuel des Chasseurs*, 1820-1821, in-12 et in-8°; bibliographie d'ailleurs très incomplète.

Bélisaire Aquaviva mérite de tenir une place honorable dans la biographie et dans la bibliographie des chasseurs et des fauconniers.

Il paraît résulter évidemment de toutes les recherches précédentes, 1° que les deux traités du duc *de Nardo* sur la vénerie et sur la fauconnerie n'ont été imprimés que deux fois, en 1519, in-folio, et en 1578, in-8°; 2° qu'ils ne l'ont point été seuls, mais avec d'autres ouvrages du même auteur, avec lesquels ils doivent toujours se trouver réunis dans les deux éditions dont ils font partie, et particulièrement dans celle de 1519, d'où il serait plus facile de les séparer, puisque les ouvrages dont se compose cette édition ont chacun leur date; 3° et enfin, que les exemplaires isolés de 1578 ont très vraisemblablement été tirés à part, en petit nombre, ou séparés de l'ouvrage avec lequel ils ont été imprimés et auquel ils font suite.

Paris, 15 Mai 1835.   HUZARD.